Animales parecidos

Por Rachel Griffiths y Margaret Clyne

CELEBRATION PRESS
Pearson Learning Group

Contenido

Introducción

¿Es una rana o un sapo? ¿Es una palomilla o una mariposa? Algunas veces es difícil saberlo. Algunos animales son parecidos. Hasta pueden hacer las mismas cosas. Sin embargo, los animales diferentes nunca son exactamente iguales. Este libro te ayudará a aprender las diferencias entre animales que son parecidos. Así que lee y presta atención.

Mariposas y palomillas

Las mariposas y las palomillas se parecen en muchas cosas. Ambas son **insectos**. Ambas tienen alas y antenas. Ambas se alimentan por lo general del néctar de las plantas.

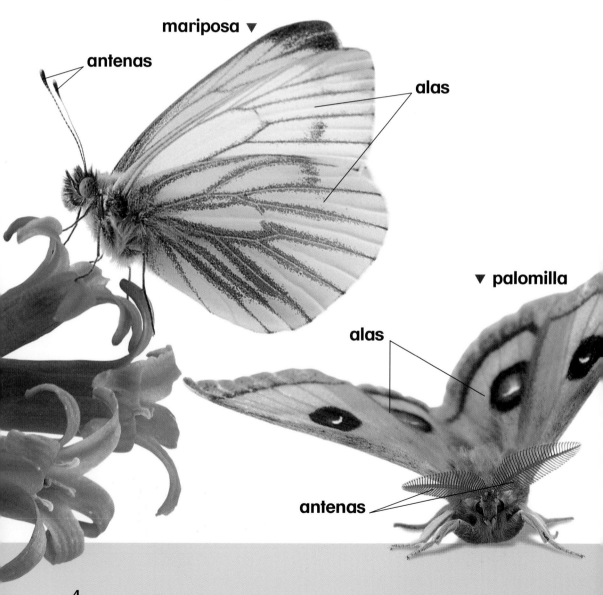

mariposa ▾

antenas

alas

▾ palomilla

alas

antenas

Ciclo de vida de una mariposa o una palomilla

① el huevo

④ La mariposa o la palomilla sale de la pupa.

② La oruga sale del huevo.

③ La oruga se transforma en pupa.

Las mariposas y las palomillas también tienen **ciclos de vida** similares. Ambas ponen huevos y pasan parte de su vida como orugas. ¿Son exactamente iguales las mariposas y las palomillas? ¡Da vuelta a la página para averiguarlo!

Las mariposas y las palomillas no son iguales. La mayoría de las palomillas tienen cuerpos anchos y velludos. Las mariposas tienen cuerpos más delgados que no son velludos.

Las mariposas tienen bultos en los extremos de sus antenas, las palomillas no. Las antenas de muchas palomillas parecen plumas.

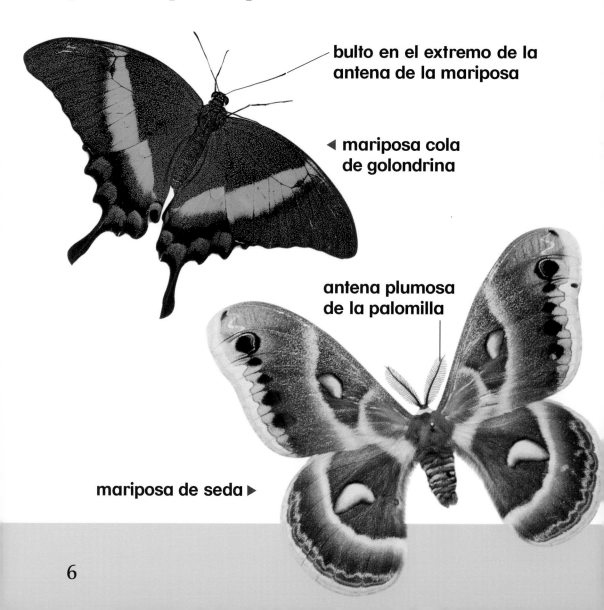

bulto en el extremo de la antena de la mariposa

◀ mariposa cola de golondrina

antena plumosa de la palomilla

mariposa de seda ▶

◂ palomilla
gatito

▲ mariposa común

Es difícil ver esta palomilla porque es casi del mismo color que la corteza del árbol.

▲ palomilla carpintera
de la acacia

▲ mariposa
Cleopatra

Las mariposas son por lo general más coloridas que las palomillas. Las palomillas son a menudo de color castaño o gris. Estos colores opacos ayudan a las palomillas a esconderse. Esto se llama **camuflaje**.

Aligátores y cocodrilos

Los aligátores y los cocodrilos son otro par de animales parecidos. Ambos tienen piel arrugada, patas cortas y colas largas y fuertes. Ambos son **reptiles**.

▼ cocodrilo

▼ aligátor

Tanto los aligátores como los cocodrilos son buenos nadadores. Ambos tienen dientes muy afilados y comen cualquier tipo de animal que puedan atrapar. ¿Son exactamente iguales los aligátores y los cocodrilos? ¡Da vuelta a la página para averiguarlo!

hocico del cocodrilo

hocico del aligátor

De cerca, el hocico de los aligátores y el de los cocodrilos son muy diferentes. Los aligátores tienen el hocico redondeado. El hocico de los cocodrilos es más alargado.

Los aligátores y los cocodrilos también tienen mandíbulas diferentes. Cuando el aligátor cierra la boca, la mayor parte de sus dientes quedan escondidos. Los dientes del cocodrilo sobresalen cuando tiene la boca cerrada. Parece como si estuviera sonriendo.

¿Es un aligátor o un cocodrilo?

Lugares donde viven aligátores y cocodrilos

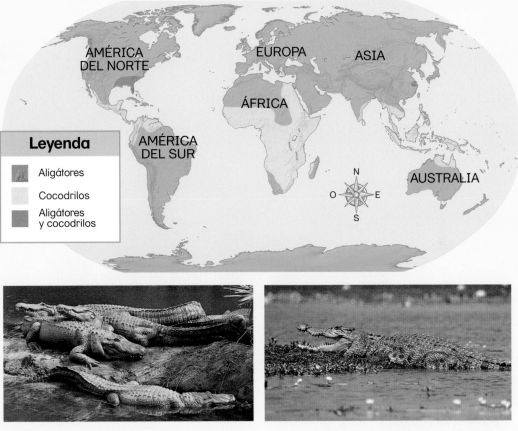

AMÉRICA DEL NORTE

EUROPA

ASIA

ÁFRICA

AMÉRICA DEL SUR

AUSTRALIA

N
O   E
S

Leyenda

Aligátores

Cocodrilos

Aligátores y cocodrilos

Muchos aligátores de América del Norte viven en Florida.

Los cocodrilos viven en el norte del territorio de Australia.

En muchas partes del mundo hay aligátores y cocodrilos. Los aligátores sólo viven en Estados Unidos y China. Los cocodrilos también viven en América del Norte y Asia, y además en América del Sur, África y Australia.

Ranas y sapos

Es difícil saber la diferencia entre las ranas y los sapos. Ambos tienen cuatro patas y pueden tener la piel verde o castaña. Ambos tienen ojos saltones y comen insectos. Son **anfibios**.

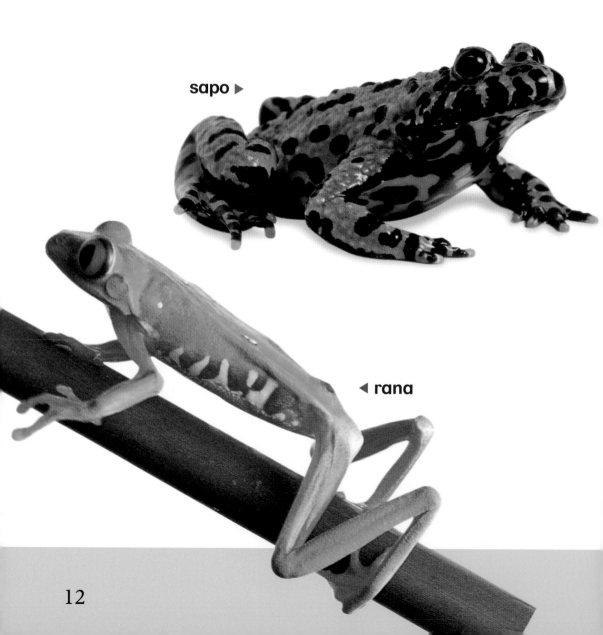

sapo ▶

◀ rana

Ciclo de vida de un sapo o una rana

① el huevo

② Un renacuajo sale del huevo.

③ Al renacuajo le crecen patas.

④ A medida que el renacuajo se convierte en rana o sapo, su cuerpo absorbe su cola.

⑤ La rana o el sapo creció por completo.

Las ranas y los sapos también tienen ciclos de vida similares. Ambos comienzan como huevos. Luego salen como renacuajos del huevo y viven bajo el agua. Por último, se convierten en adultos y saltan a tierra. ¿Son exactamente iguales las ranas y los sapos? ¡Da vuelta a la página para averiguarlo!

Las ranas y los sapos tienen diferente apariencia. Las ranas tienen la piel lisa y húmeda. Los sapos tienen la piel arrugada y seca. Los sapos también tienen por lo general cuerpos más anchos que las ranas.

▼ **sapo**

piel arrugada y seca

Las ranas y los sapos por lo general viven en **medio ambientes** diferentes. Muchas ranas pasan mucho tiempo en el agua o cerca de ella. Los sapos viven la mayor parte del tiempo en tierra.

piel lisa y húmeda

▼ rana

Focas y lobos marinos

Las focas y los lobos marinos son difíciles de distinguir. Ambos tienen la piel lisa y aletas que usan para moverse rápido en el agua. Son **mamíferos**.

▲ focas

Los lobos marinos y las focas viven en el océano. Saben nadar y bucear muy bien. Ambos atrapan su alimento mientras nadan.

Tanto los lobos marinos como las focas suben a tierra para descansar y tener sus bebés. ¿Son exactamente iguales los lobos marinos y las focas? ¡Da vuelta a la página para averiguarlo!

lobos
marinos ▼

Los lobos marinos son más grandes que las focas.
También son más ruidosos. Uno de sus sobrenombres
es "perros marinos" porque hacen sonidos que parecen
ladridos fuertes. Las focas hacen sonidos más suaves,
como gruñidos.

Ambos animales tienen buen oído.
Sin embargo, las focas tienen pequeños
agujeros en lugar de orejas,
mientras que los lobos
marinos tienen orejas visibles
a los lados de la cabeza.

oreja

aletas traseras

▼ lobo marino

aletas traseras

18

La forma de moverse en tierra de las focas y los lobos marinos es muy diferente. Los lobos marinos halan sus aletas traseras hacia delante y se mueven usando las cuatro aletas. Las aletas traseras de las focas no se mueven así. Las focas se desplazan rápidamente apoyadas en sus estómagos.

agujero del oído _____

▼ **foca**

Una foca se mueve apoyada
en su estómago.

Un lobo marino alza su cuerpo cuando
usa sus aletas para moverse.

Animales parecidos en todas partes

Hay animales parecidos en todas partes. Hay de todas formas y tamaños. Algunos son insectos, algunos son mamíferos, algunos son reptiles y otros son anfibios.

Sin embargo, estos animales no son siempre tan similares de cerca. Sus diferencias pueden ser grandes o pequeñas. Estas diferencias son las que hacen que cada animal sea único.

▲ **guepardo**

▲ **leopardo**

Otros animales parecidos

conejo

liebre

tortuga

galápago

puerco espín

equidna

coyote

lobo

Lectura recomendada

Estos libros y sitios del Internet te ayudarán a aprender más acerca de los animales que se parecen.

Libros:

Focas y leones marinos
por John Bonnett Wexo
Wildlife Education, 2003

Grandes felinos
por John Bonnett Wexo
Wildlife Education, 2003

Mamíferos
por Steve Parker
DK Eyewitness Books, 2005

Sitios del Internet:

National Geographic en español:
http://www.esmas.com/nationalgeographic/

Zoo Aquarium de la Casa de Campo de Madrid:
http://www.zoomadrid.com/index.html

Zoológico de Chapultepec:
http://www.chapultepec.df.gob.mx/

Glosario

anfibios   tipos de animales que pueden vivir en tierra y en el agua

camuflaje   el color o la forma de un animal que le ayuda a esconderse

ciclos de vida   todos los cambios que sufren los animales o plantas a medida que se desarrollan

insectos   tipos de animales que tienen el cuerpo dividido en tres partes y tienen seis patas

mamíferos   animales que se alimentan con la leche de su madre; los mamíferos tienen pelaje o pelo

medio ambiente   las condiciones de un área, entre ellas la variedad de seres vivos, el tipo de terreno y el clima

reptiles   tipos de animales de sangre fría que a menudo tienen escamas y ponen huevos

Índice

rana arbórea

sapo
arbóreo